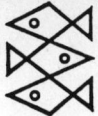

1976 erschienen die Gedichte dieses Bandes erstmals. Sie markieren das Ende einer reichen Schaffensperiode Rose Ausländers. Diese Gedichte kennen keinen Zweifel: Wozu Lyrik heute? Sie sagen: »Ich freue mich«, »Ich tröste mich«, »Ich lebe«, »Ich suche«, »Ich fliege«, »Ich liebe«. Sie zeigen: der Drang, Gedichte zu schreiben, ist ein unverzichtbarer: »Wer bin ich/wenn ich nicht/schreibe«. Es gibt nur diese einzige Möglichkeit, zu bestehen und zu überstehen. Die Möglichkeit, der Vergangenheit und Gegenwart Herr zu werden.

Rose Ausländer, geboren am 11. Mai 1901 in Czernowitz/Bukowina, gestorben am 3. Januar 1988 in Düsseldorf. Sie studierte Literaturwissenschaft und Philosophie. Die Jüdin überlebte die Jahre der Verfolgung durch die Nationalsozialisten in Czernowitz. 1946 wanderte sie in die USA aus, kehrte 1964 nach Europa zurück und zog 1965 nach Düsseldorf. Seit 1971 lebte sie dort im Elternhaus der Jüdischen Gemeinde. Sie veröffentlichte mehr als dreißig Gedichtbände und erhielt zahlreiche literarische Auszeichnungen, u.a. 1977 den Andreas-Gryphius-Preis, 1980 die Roswitha-Gedenkmedaille der Stadt Bad Gandersheim und 1984 den Literaturpreis der Bayerischen Akademie der Schönen Künste.

Im Fischer Taschenbuch Verlag liegen die *Werke* Rose Ausländers in sechzehn Bänden vollständig vor.

Rose Ausländer
Gelassen
atmet der Tag
Gedichte 1976

Fischer
Taschenbuch
Verlag

Rose Ausländer – Werke
Herausgegeben von Helmut Braun
Band 7

7.–8. Tausend: Februar 1996

Originalausgabe
Veröffentlicht im Fischer Taschenbuch Verlag GmbH,
Frankfurt am Main, April 1992

Lizenzausgabe mit freundlicher Genehmigung des
S. Fischer Verlags GmbH, Frankfurt am Main
© 1984 S. Fischer Verlag GmbH, Frankfurt am Main
Umschlaggestaltung: Buchholz/Hinsch/Hensinger
Umschlagabbildung: Alexej von Jawlensky,
»Meditation ›Mea Culpa‹«, 1936
© 1991, Copyright by Cosmopress, Genf
Druck und Bindung: Clausen & Bosse, Leck
Printed in Germany
ISBN 3-596-11157-9

Es bleibt noch viel zu sagen

Kreisen

Wieder ein Jahr als Ring
in den Baum gewachsen
der stillsteht und
ahnungslos kreist
mit der Erde

Auch die Geschöpfe
merken nicht daß sie kreisen
und Jahre sie einkreisen
atemstark
wie den Baum

Sprache II

Halte mich in deinem Dienst
lebenslang
in dir will ich atmen

Ich dürste nach dir
trinke dich Wort für Wort
mein Quell

Dein zorniges Funkeln
Winterwort

Fliederfein
blühst du in mir
Frühlingswort

Ich folge dir
bis in den Schlaf
buchstabiere deine Träume

Wir verstehn uns aufs Wort
wir lieben einander

Befehl

Ein Gedicht
liegt auf der Lauer

Ich gehe arglos
vorüber

Es stürzt sich auf mich
flüstert mir Worte
ins Ohr
befiehlt schreib

Ich kann es nicht abschütteln
ungeduldig
schreibe ich

Papier ist geduldig

Mein Gedicht

Mein Gedicht
ich atme dich
ein und aus

Die Erde atmet
dich und mich
aus und ein

Aus ihrem Atem geboren
mein Gedicht

Erfahrung II

Erfahrung sammeln
in Wäldern Bergen
Städten

in den Augen
der Menschen

in Gesprächen
im Schweigen

Gedächtnis I

Wälder umgrünen
Berge besteigen
mein Gedächtnis

Tote Freunde
schwimmen an mein
Erinnerungsufer

Die Zukunft
schreibt Gedichte
an mein Gedächtnis

Finden I

Suche finde das Wort
das nicht verlorengeht

Gib es allen
denen es gehört

Im fliegenden Bett

Ich atme Gedichte
im fliegenden Bett
das mich träumt

Welt aus Worten

Sie fliegen
ins Sterben
ins Auferstehn

Sie fliegen zu euch

Kraftprobe

Lang hab ich dir zugesehn
Welt
wie du dich schüttelst mich schüttelst
dich bemühst
mich abzuschütteln

Dein Wüten weckte
meinen letzten Verstand
ich glaube dir nicht
Heuchlerin
du bist nicht frei

Zu lang hab ich dir zugesehn
ich lasse mich nicht beirren
geh meinen Wortweg weiter

Lies es
schwarz auf weiß
mein Traum und ich
sind stärker
als dein wankelmütiger Wille

Nicht ich

Wer mich kennt
weiß
daß ich nicht
Ich bin

nur eine
verschwiegene Stimme

Mein Wort
du solltest es
besser wissen

Kristall

Ist dein Gedicht
nicht Kristall

bist du seiner
nicht würdig

Leuchten muß es
wie Liebe und Leid

Alt – jung

Meine bemoosten Finger
halten den jungen Stift

Vor mir liegt
ein unberührter Bogen Papier

Ich rufe junge Worte
um die alte bemooste Welt
zu verjüngen

Freunde
prüfet sie

Das Ende

Schreib
deine eigene Welt
zu Ende

ehe das Ende
dich abschreibt

Schnee III

Über Nacht umgebaut
Häuser
mit gotischen Dächern

Friedensfahne
die Straße

Bald
kommt der König geritten
vom blendenden Reich

Sonne verheißt es
mit Purpurzeichen
und weißen
flüchtigen Siegeln

Bitte I

Wahrheit
sag mir die Wahrheit

Trag mich
auf deiner Schulter
sternweit

Ich will
dir tragen helfen
Rose und Schwert

Wenn der Winter

Blumen hören auf
JA zu sagen
wenn der Winter ihnen
mit Schnee
den Mund verstopft

Eisiges NEIN

Bring mich zurück

Diese Gegenstände aus Metall
ermüden mich

Komm
mein Flügelroß
bring mich in den Wald
zu meinen Bäumen
und Vögeln

Komm Pegasus
bring mich zurück
in die Stadt
zu meinen Menschen

Heu

Fragt keiner nach den Libellen
(pfeilblau gestrichelt die Luft)
und dem Fiebergesicht der Sonne
entbrannt im See

Der Mann mit Sense
mäht den Atem
in Gras und Libellen
fragt keiner nach ihm

Orangerot hängen
die Schöße des Mohns
Heu duftet nach Schlaf

Trauerweiden klagen
ihr Leid dem See
der Mann mit Sense mäht
Garben aus blauen Libellen
mäht zu Heu
das Heute

Fragt keiner keinen
wer heute einschlief
im Mohnheu

Nördlich

Im nördlichen Park
halten die Pappeln zusammen
gradlinig
Reihen Einsilbigkeit

Spürt man die Fremde
wächst
einem über den Kopf

Im Winterschlaf
die Springbrunnensprache
kein rheinisches Muster

Unverbesserlich
diese Heimatsuche
Besuch
zwischen Tür und Angel
bleibt das Wort
in der Kehle stecken

Blinde Gesten

Trauerweiden
Melancholiker
mit hängenden Schultern
schaukeln wie Betende

Blindes Binsengewühl
mückenbevölkert
schläft der Sommer
im Schlamm

Verzauberte Wanderer
Zigeunerwolken
bald fallen sie
im Kampf mit Gegengewölk

Freiheitshungrig
von der Bergkette losgerissen
Lawinen

Von blinden Gesten
beschützt bedroht
du Knochengerüst
mit wechselnden
Fragen und Fahnen

Mehr

Aus dem Feuerkokon gerollt
Sonne ein Licht ohne Schlacken

Uraltes Geheimnis
ritzt zähe Schrift
in deine Haut
Der Zeiger
wühlt sich in dein Gewebe

Sprünge hat plötzlich die Sonne
du weißt nicht
wann schlägt die Flamme ein
obszön ein Leib in der Mandorla

Schatten dein Schritt
verwundert trägst du die Bürde
verkrusteter Flügel

Aus Himmelsrippen geschält
Sonne ewige Eva
Ballspiel mit roten Äpfeln
dein Atem fängt auf
ihr Aroma

Im Aderwerk springt eine Feder
das Lichtmeer versinkt
mehr Schatten

mehr

Verwandelt

Mit meinem Blau
male ich Sterne

Liebend
duz ich die Dinge

Aus gleichem Stoff
alles
verwandelt
in Licht in Finsternis

Geist
leiser Leib

Halmenzeit

Honiggelbe
Sonnenfedern im Fenster

Zurückgeatmet
in die Halmenzeit
leben wir tief
den täglichen Tag

Fünf Dichter

Hölderlin
um Gerechtigkeit ringender
Götterfreund

Trakl
seine herbstliche Melancholie

Rilke
der Gott erschafft

Der verzweifelte
Celan

Li-Tai-Po
der fröhliche
singt

Paul Celan

In hermetischer Stille
begraben
sein blutendes Wort
aus der Herzkapsel
gepreßt
von sternschwarzen
Flügeln getragen
entfaltet stechendes Licht
dessen Schatten ihn
schrecklich
erleuchtete

Else Lasker-Schüler I

Ihren langen Atem
schenkt sie Welten
die sie erkennen
von Wort zu Wort

Bäume verknüpft
mit ihren Wurzeln
sprechen ihr Deutsch

Ihr Reim hat Raum
für alle Kreaturen

Wenn sie weint
trösten sie Träume

Der Himmel hängt an einem Haar
das spinnt ihr Wort
bis an die Augen unsrer Blindenzeit

Rembrandts Monolog

Mein malendes Leben
ich schöpfe Licht
aus dem Dunkel

Saskia schöne
Gefährtin der Freude

Die mächtigen Männer
erkennen sich nicht
im Bild
es bekümmert mich nicht
ich hab sie erkannt

Ich sehe die Sicht
des blinden Homer
seziere den Leichnam
sein Los bekümmert mich nicht

Mein Los
hat viele Gesichter
sie malen sich
mir in die Hand

Paul Klee I

Verknüpf die Fäden
zu einem Spinnwebnetz

Stell die ungleichen Stücke
zusammen

Beschwöre den Baum

Öffne im Kreis
die Blume

Zeug Kinderköpfe

Atme den Atem
ins Bild

Zaubere
das All
aus dem Nichts

Einladung

Auf dem Tisch
Äpfel und Wein
Blumen zerbrechliche Farben

Du bist eingeladen

Ich wohne im Haus
Nummer Null

Den Duft malte Monet
Äpfel gereift bei Cezanne
den Wein brachte die Flaschenpost

Ich wiederhole
du bist herzlich
eingeladen

Chagall

Auf dem Dach der Nacht
umarmt er
die Violine

Häuser rittlings
schlafwandelsicher
schwebt er
über Giebeln

Blau
schaut dich an
die Kuh

Blumen
zartestes Glück

Wolkenbalkone
im Flug liebt
der Bräutigam
die Braut

Bachfuge

Die Bachfuge
fliegt in den Himmel
kommt zurück zu mir
fliegt in den Himmel

Mathematik
erklärt eine Stimme

Ich weiß nicht
will nicht wissen
wieviele Köpfe auf Flügeln
welche Geschwindigkeiten
ich zähl nicht
die Zahlen

Bach
mein Blutstrom
zum Himmel

Das Ohr

In seinen Trichter
fallen Töne
ungestüm
leise

Von Tonfäden
aus dem Muschelraum
flechte ich
Sätze

Gut aufgehoben
im Wortgewebe
du und du

Ohr
meine musizierende
Heimat

Porträt eines Greises

Dies Gesicht
eine Grafik

Schön
die häßlichen Wangen

Hieroglyphen
aus verjährten Geheimnissen

Das vergessene
komm komm
Erwartung und Traumverlust
um die Mundwinkel

Schön
die gemeißelte Herbsthaut

Herein-hinaus-Gedanken
in die Stirn gekerbt

Wer bist du
Grenzüberschreiter
von Jahr zu Jahr

Wer bist du
häßlicher schöner
Mitmensch

HAP Grieshaber

Im Herzen der Welt
schneidet er
die Welt
in unser Herz

Menschen Tiere Pflanzen
Dinge
atmen
im unendlichen
Formen- und Farben-Spiel

Wir schauen
und
staunen

Verläßlich

Ich trag meine Urne
verläßliche Uhr
die meine Zeit
von Tag zu Tag
kürzt

Sekunde

Wie lang
kann man warten

Eine Sekunde
Ewigkeit

die nächste
ist Zeit

Der Himmel I

Er hat seine Masken abgelegt
Nachtwolken verbieten
den Sternen
Schwester Erde
zu sehen

Er träumt
daß sein endloses Schwarz
Trauer trägt um die Sonne
er träumt die Menschen auf Erden
die ihn blau träumen

Im undurchdringlichen Dunkel
zählt er seine Wohnungen
sieben sollen es sein
aber es stimmt nicht
unendlich mehr

Er zählt unendlich

Minuziös

Die Uhr macht
keine Sprünge

Ihre zwölf Landschaften
kreisen
um dein Leben

Kein Gebirge
kein Tal
nur klares Ebenmaß

minuziös

Fast

Laßt uns feiern
den Flug
höchste Tugend

Fast eine Stunde
zu spät

aber der Atem
hat Zeit

Atemzeit

So viel

Wer kann
so viel sagen
wie er will

Wer will so viel
wie er denkt

Wer denkt soviel
wie er lebt

Wer lebt so sicher
wie er stirbt

Almosen

Ich gehe von Haus zu Haus
Bettelmönch
Brotworte sammeln

Goldmünzen
mit stolzen Köpfen
ich grüße sie
bitte um Spende

Sie sehen an mir vorbei und
lächeln

In meine Almosenschale
fällt Schnee

Luftschlösser

Die Schwalben
sind ausgewandert
aus dem Kinderland

Ausgewandert
das Kinderland

Die Kinder
alt geworden

Ich
im Niemandsland
baue Luftschlösser
aus Papier

Mit Gulliver

Weltreise
mit Gulliver

Däumlinge tanzen
mir auf dem Kopf

Ein Riese
hält mich in seiner Hand

Sie erzählen mir Märchen

Ich stammle
Kanitverstan

Unsere Sterne

Um den Atemmond
namenlose erleuchtete Sterne

Unsere irdischen Sterne
Brot Wort und
Umarmung

Augenblickslicht

Wie komme ich
über mich hinweg

Mein Schatten
steht mir im Weg
ich muß über ihn
hinwegspringen

ins Augenblickslicht
das mich erschafft

Ich esse trinke
mache die Uhr zum Zeugen
einer gefesselten Reise
um die Welt

Als gäbe es

Als gäbe es
einen Himmel
und eine aufblickende
Erde

Als gäbe es
leuchtendes Blau
dumpfes Braun

Als gäbe es
Erdworte
überirdische Worte

Als gäbe es
Deinwort Meinwort
dich und mich

Aschenbrödel

Verschwistert mit Aschenbrödel
ich klaube Erbsen
aus der Asche
in jeder Erbse ein Käfer

Er fraß sich durch
in die Kugel
seinen Kerker sein Grab

Ich werde die Suppe
nicht essen

Zum Stelldichein
holt mich der Abend ab
Herzog im Hermelinpelz
bringt mir
in einer entflügelten Erbse
das Brautkleid aus Schnee

Fieber II

Rot grüßt die Azalee
den rebellischen Tag
er gießt eine Schweißflut
durchs Fenster
durchnäßt meine Haut

Ich schwimme zur Kalkinsel
hinter dem Horizont
während die Plapperwelt
untergeht

Gerettet und trostlos
komm ich zurück
ins frierende Zimmer
grüße die standhaft rote Azalee
und schreibe diesen
trocknen Bericht

In Memoriam

In einer Mainacht
mir anvertraut
als Mutter

Gespielin
die mir zurollte
den Mond

Hungerjahre
aßen wir

nicht Fleisch nicht Brot
Sterngeduld

Mit dem Kerzenglas
trinke ich dir zu
Talgtropfen
und singe dein Lieblingslied

»Laß uns singen auf die Feinde
(verrat's ihnen nicht)
die Tränen rinnen
aus dem Becher ins Nichts«

wo du dich
leerträumst
allein

Seifenblasen

Kugeln
aus Prismen und Luft
Kreise mit geatmetem
Zirkel gezogen

Aus der Matratze
der Strohhalm
auch im Kerker
gibt Wasser Gewähr
fürs Gelingen

Eine freundliche Fee
segnet die Seife

In welchem Hohlraum
ist Erde so leicht

Eine Welt um die andre
blindlings erbaut
und zerstoben

Anfangen

Wer nicht redet
mit Engelszunge

Ein Mensch
nimmt den Mund voll
Zahlwörter Zeitwörter
Hauptworte

spricht
verspricht sich

Der mit Menschenzunge sagt
das Anfangswort hör ich
hier fang ich an
und höre nicht auf

Die Architekten

Ein Haus aus Phantasie
Gedankendach

Nicht
Wörter aus Silbenschaum

Frühling der mit Farben
um dich wirbt
die Schlagader des Sommers
in deinem Ohr
für dich blutet der Herbst
Erfinder des Winters so weiß
ist deine Einbildungskraft

Ja es gibt sie noch
Erbauer immaterieller Wohnungen
hinter Beton und Stein
errichten sie den Raum
für uns alle

Mein Schatten I

Vor meiner Haustür
in der Sonne
mein mitternächtiges Ich

Ich rufe es nicht
es folgt mir
bis ans Ende der Erde

Unbeirrbar
mein lautloses Echo
entkörpertes Ich

Alte Geschichten

Denk an Münchhausen
den Zauberer

Alte Geschichten
schön
kommen sie geflogen

aus dem Nichts
ins Immer

Stilleben III

Still
leben Früchte
im Teller

Schatten schweigen

Auf dem Messer
ruht Glanz

Der Tisch schläft
unhörbar
atmet die Luft

Kindisch

Eingetroffen
im Baumland

Ein Nachtzelt aufgeschlagen
Raum genug
für ein paar Sterne
und Schlaf

Aber mein Paß
ist abgelaufen

Ich schau der Schlange
ins Auge
bis sie einschläft
Wenn sie erwacht
bin ich abgereist
ins Regenreich

Aus Wolken bau ich ein Haus
mit einer Sonnenwand
für den Regenbogen

Kindische Bemühung
die Sintflut
aufzuhalten

Östlich

Immer singt der Samowar
Kümmelbrotduft
würzt das Zimmer

Zwei Herzkirschen auf Stengeln
übers Ohr gehängt

Kartoffeln auf Kohlen rösten
komm sei unser Gast

Unter Harztränen im Herd
bricht der Tannenast zusammen

Sonntags die bunte Tracht
Tanz und Harmonika

Im Wodka
funkelt das Messer

Bukowina II

Landschaft die mich
erfand

wasserarmig
waldhaarig
die Heidelbeerhügel
honigschwarz

Viersprachig verbrüderte
Lieder
in entzweiter Zeit

Aufgelöst
strömen die Jahre
ans verflossene Ufer

Afghanistan

In Afghanistan wachsen Teppiche
aus Fingerwurzeln die Schönheit
ist ein verschleiertes Mädchen mit Phosphoraugen
kauf Jugend bei der klirrenden Luft
der erznen Sonne

Nachts ein Messer die Ebenholzgrenze
schwarz der Schnee
des Eisbergs Kristallherz verschlossen
unter dem Schleier gefrorener Wangen
glitzert der Starrsinn der Sterne

Taschen die Teppiche tragen
tragen das Land Taschen aus Löchern
rollen Dukaten in den Schnee
in die Hände der Krämer
o die schönen Augen der Kinder
tragen den Kobalthimmel
kauf Finger und mandelförmigen Glanz

Karawanen Kamele gepeinigte Esel
tragen zu Markte das Elend
aus blühenden Teppichen
im Wasser tanzt der Typhus
in hilflosen Leibern

Lüfte den Schleier
verwunschen die Augen der Göttin
Schlangen schlafen im Korb
es ist Frühling und Winter
nimm deine Jahre in Kauf
der Krämer hat kostbare Stoffe
verwoben mit Sonne Schneeglanz
Blut und Verzicht

Sibirisch

Kraft an Kurven geübt
der Wind hat
feste Muskeln

Hinter dem Atem
Funken an Lappland streifend

Krähen
Schnee im Schnabel
Schatten
aus Lapislazuli

Als Bär vermummt
aber die Bienen
fortgezogen
Honigspur in der Wabe
vereist

Im Kreidedorf
am erstarrten Teich vorbei
bringt die Schlittenpost
Wolfsgeruch
aus Sibirien

Goldrausch

Mein Flügelbett
fliegt mit mir
nach Alaska
um Gold zu suchen
mit Charlie
der das traurige Lachen erfand

Eben
ist er ein Hahn
den sein Hungerpartner
verschlingen will

Er wehrt sich
und bleibt
gottlob
am Leben

Ich lache und weine

Aber Gold
ach
finden wir nicht

New York

Fieberndes
schneehohes Babylon
schwarz-weiß

Zwei fließende Parallelen

Im Hexenkessel
acht Millionen Menschen

Die Statue ruft
Freiheit

Freie Kunst
das große Spiel

Freie Laster
Krebsgeschwüre

Augenzeuge
schleif deine Zunge zum Messer

leg ein Lied auf deine Lippen
rühm das gespaltene Herz
dieser Stadt

Jerusalem

Wenn ich den blauweißen Schal
nach Osten hänge
schwingt Jerusalem herüber zu mir
mit Tempel und Hohelied

Ich bin fünftausend Jahre jung

Mein Schal
ist eine Schaukel

Wenn ich die Augen nach Osten
schließe
schwingt Jerusalem auf dem Hügel
fünftausend Jahre jung
herüber zu mir
im Orangenaroma

Altersgenossen
wir haben ein Spiel
in der Luft

Avignon

Schönes
beschädigtes
Gemälde

Zwei breite Ebenen
altes
neues
Avignon

Auf Papsttapeten
singen
blaue Schwärme
lautloser Vögel

Im kleinen Kloster
schläft
die Zeit

Les Baux

Blöcke
blau und braun
ein schwebender Turm

Kristalle
aus Stein

Uneben genau
in der lila Luft
diese geschichtete
Masse Zeit

Hart in der Höhe
lichtwiederholt
die weitgespannten
kantigen
Flügel

Tübingen

In der beschützten Stadt
giebelrotes Gassengebirge
jahrhundertedicht

Wahn
vom Neckar
getauft

Hügelgefährten
Hölderlin-treu

Unter schmächtigem Stein
der Staub
atmet

Alte Zigeunerin

Die alte Zigeunerin ist tot
Sie hat mir das Leben versprochen
Stacheldraht Reisen Wortgefechte

In ihren schwarzen Augen
wanderten
zwei unruhige Sonnen
ihre Worte trugen mich
nach Amerika
und zurück nach Europa

Im Traum
hab ich sie begleitet
zum finstern Fluß
dann strömte ich zurück
ins Fieber meiner Geschichte

Ja sagen

Ja sagen
zum Leben

das mit dir
und deinen Worten
spielt

Wortspiele
voller Heimlichkeit
Tücken und Wunder

Lust- und Trauerspiel
deines Daseins

Die Erste

Deine letzte Stunde
wird
die erste absolute sein

Verlaß dich auf das
nackte Nein
das sie bejaht

Zusammenwachsen

Mach dir keine Sorgen
um meinen Tod

Ich werde
auch unter der Erde
leben

Sie nimmt mich auf
hält mich
in ihrem Atem

Wir wachsen
zusammen

Wieder II

Mach wieder
Wasser aus mir

Strömen will ich
im Strom

ins Meer
münden

Orakel

Wer kommt an die Reihe
Keiner meldet die Wahl

Schatten ummauern
Namen und Mund

Eine Uhr um die andere
taub
lallt Litanei

Zigeunerspruch
kleines Orakel kündet
was du schon weißt
oder nie wissen wirst

bald
die Reihe an dir

Trennung

Du wirst dich trennen
von den Magnolienbäumen
und den jubilierenden Vögeln

von deinem Haus
und den Händen
die es bewohnbar machen

von der hartnäckigen Gewohnheit
die Augen aufzuschlagen
und zu schließen
wenn der Traum dich ruft

vom Wort
das dich erschaffen hat

Du wirst dich trennen
von deinem Schatten
der dich lebenslang
verfolgte im Licht

Die Erde wird sich trennen
von dir
und deiner Liebe zu ihr

Abschied III

Du denkst deinen
strömenden Tag
schwimmst mühsam
durch das Stundenwasser

Die Nacht
denkt dich
von Stern zu Stern

Im Schlafwandelatem
du merkst nicht
daß du Abschied nimmst

Wenn du erwachst

Baum der in dir wächst
traumgrün

Hinter deinen Lidern
schlummern Zinnsoldaten
singt der Friedensvogel

Wenn du erwachst
brennt die Stadt
die Toten sind wach
und erwarten dich

Nur die Pause

Bereit steht der Sarg
ich wehre mich
den Atem aufzugeben

Mir gehört
nicht
Sterngespinst
Straße
weißichwas

Nur die Pause
vor dem Dort
atmet mich

Wo bist du

Wir hungerten fluchten
liebten die Liebenden
die mit uns lagen
im Lehm

Wir erblickten
ein verstörtes Gesicht
schwarze Augenhöhlen
die Wangen Löcher
Haar und Hände weiß

Im schwarzen Spiegel
der Augenhöhlen
sahen wir
unsern eigenen Schatten
und fragten erschreckt

Wo bist du
Frieden
wir haben dir
Treue geschworen

und erwachten
im Lehm

Wo waren

Wo
waren die Freundesländer
als wir versanken
in sumpfige Nacht

Wo waren
die laut schweigenden
Menschen

Einsamkeit II

Wahrgeworden
die Weissagung der Zigeunerin

Dein Land wird
dich verlassen
du wirst verlieren
Menschen und Schlaf

wirst reden
mit geschlossenen Lippen
zu fremden Lippen

Lieben wird dich
die Einsamkeit
wird dich umarmen

Transnistrien 1941

Eislaken auf Transnistriens Feldern
wo der weiße Mäher
Menschen mähte

Kein Rauch kein Hauch
atmete
kein Feuer
wärmte die Leichen

Im Schneefeld schlief das Getreide
schlief die Zeit
auf Schläfen

Die Zunge der Himmelswaage
ein funkelnder Eiszapfen
bei 30 Grad Celsius unter Null

Königlich arm

Königlich arm
den Wortschatz
im blutenden Mund

Die Gefallenen
heben wir auf
bedecken sie
mit dem Tränentuch

rebellieren
gegen die Schützen im Feld
im Allüberall

Heimathungrig

Unsern täglichen Tod
begraben wir im Wort
Auferstehung

Eulenzeit

In der Eulenzeit
leben wir
in Leibern gefolterter Steine

Dach an Dach
ein offener Fächer
aus kalter Glut

Das Wasser ist weit
hier singen nur
melancholische Nebelsirenen

Fliegen und fallen
in einem Atemzug
kurze Rast
am Hang eines Einfalls

Sternfunken
leuchten uns heim

Asche

Im Aschenregen
die Spur deines Namens

Es war
ein vollkommenes Wort

Feuer
hat es gefressen

Ich warf mein Staubgewand
in die Flamme

Hinter blindem Blick
deine Augen
ziehen mich an

Schwierige Frage

Mit dem Tag
in die Nacht ziehn

zu Sternen fliegen
sie fragen
warum sie so klein sind
wir so groß
daß wir ihren Wagen
nicht besteigen können

nur uns drehen
um ihre Zuckungen
im Fenster

Reptil

Die Zeit ein Reptil
hat mich gefressen

Unverdaut liege ich
in ihrem langen Leib
halblebend halbtot

Das träumte mir
als ich mit Josef
im Kerker lag

Die Magerzeit liegt mir
im Magen

Josef ist tot

sein gespeicherter Weizen
ergießt sich
ins Tote Meer

Bitte II

Verschweig uns
nicht
Schwester der Schlange

Wir Vertriebenen
kommen aus unterernährten
Orten
wo Friedensrichter
verhungerten

Ich stehe ein

Mit meinem Volk in
die Wüste gegangen
ich betete nicht
zum Schlangen- und
Sandgott

Oasenglück
Manna und Moseswasser
einfache Wunder
gegessen getrunken

Vielhundert Jahre gewandert
von Wort zu Wort

Ich bin nicht
ich werde und stehe ein
für das unverläßliche Leben

Kein Wiedersehn

Kein Wieder-Wiedersehn
die Heimat
ausgewandert
in stachlige Räume

Wer kennt
die begrabenen Lieder

Leise Worte
verstecken sich
hinter lärmenden Wörtern

Die Sterne lächeln

Wachsen dürfen

Eine Insel erfinden
allfarben
wie das Licht

In seinem Schatten
willkommen heißen
die Erde

Sie bitten
uns aufzunehmen
in Gärten

wo wir wachsen dürfen
brüderlich
Mensch an Mensch

Mit euch allen

Schweben
mit dem Vogel

mit der Sonne
leuchten

rollen mit der
Erde

mit euch allen
feiern
das unverläßliche
Leben

Auferstanden I

Wir
auferstanden
aus dem Nichts

das laute Reden hält
über nichts

Die Welt lauscht
und applaudiert

Wir reden
leise
mit auferstandenen
Brüdern

Nicht wahr

Es ist nicht wahr
daß du stirbst

Elektronenengel
reichen dich weiter
dem Elektronengott

Wasser dein schwankender Spiegel
Narziß
zerreißt deine Gestalt

aber es ist nicht wahr
daß du stirbst

der Elektronengott
setzt dich wieder zusammen
setzt sich in dir zusammen
behutsam
unwiederholbar

Ohne Hinterhalt

Wieder hält mich der Wald
in Atem
Kann es so grün sein
nach schwarzen Jahren

Amseln bejahn meine Ahnung
ich lebe im Spalt zwischen
Stern und Stein

Über-mir-Insel
so blau kann es sein
nach schwarzen Jahren?

Ich halte die ich verlor
laß nicht fallen die Gefallenen
sie halten mich in Atem

Wieder umrauscht mich der Wald
Amseln bejahn meine Ahnung
ich lebe im Spalt zwischen
Grab und Grün

Die ich verlor die ich halte
hält sie ein milderer Stern
in einem Himmel
ohne Hinterhalt?

Aber rebellisch

Hallelujah
irdisches Wort
ich atme es
auf die Adamstafel

Ruhloser Stern
der uns dichtet
unsere Namen mit grünen Fingern
schreibt auf die lange
Adamsrolle

Ich denke dich
schön aber rebellisch
voller Ecken ein stachliges
Atemkarussell

Hallelujah
Vaterstern Mutterstern
vom Himmel erdacht
auf rollender Adamskugel

ich denke dich
apfelgrün
brotbraun
schattenschwarz

Schwüre tauschen

Daß nicht aufhöre
das bestürzende Glück
Schatten fangen
Worte

Mit Magneten geheftet
an die rotierende Erde
Salz und Feuer im Blut
Schwüre tauschend

Trost
der Zukunfterinnerung

Daß nicht aufhört
der Dorn ins Herz zu wachsen
die Rosenbetörung

Flucht
in die letzte Herzenskammer
hier soll
kein Tod uns ertappen
Schwüre tauschen
die Schattenumarmung
ertragen

Versöhnung

Wieder ein Morgen
ohne Gespenster
im Tau funkelt der Regenbogen
als Zeichen der Versöhnung

Du darfst dich freuen
über den vollkommenen Bau der Rose
darfst dich im grünen Labyrinth
verlieren und wiederfinden
in klarerer Gestalt

Du darfst ein Mensch sein
arglos

Der Morgentraum erzählt dir
Märchen du darfst
die Dinge neu ordnen
Farben verteilen
und wieder
schön sagen

an diesem Morgen
du Schöpfer und Geschöpf

Es bleibt noch

Dennoch herrlich
Staub aus Fleisch

Diese Lichtgeburt
im Wimpernschoß

Lippen
ja
es bleibt noch
viel zu sagen

Noch ist Raum

Wort an Wort

Wir wohnen
Wort an Wort

Sag mir
dein liebstes
Freund

meines heißt
DU

Auftrag

Ich erlaubte dem Wind
durch meinen Sprachraum
zu fliegen

schickte ihn
zu dir
mit einem Gruß

Hat er
dich schon erreicht
Sprachbruder

Vertrag

Einen Vertrag machen
zusammenzuhalten

bis ins Wurzelwerk
bis zu den strengsten Sternen
im letzten Himmel

du und du und du

Struma

Wo ist die Möwe
die das Schiff begleitete
bis es versank

Die Zeugen
haben sich zurückgezogen
im Wasser

Die Fracht
Flüchtlinge
Es heißt sie wohnen
auf einer Insel
die schläft bei den
Tiefseefischen

Ich höre nicht auf
an dich zu denken

Glanz

Eine Welle
Glanz
herangeschwemmt
mit einer Muschel

Augenblicksglück
dieser Uferminute
aus feinen Farben

Du badest
im Glanz

Jenseits I

Wir werden uns
wieder finden

du wirst
die begonnenen Worte
zu Ende dichten

Sprüche
für Hörende
jenseits aller Grenzen

Daran

An der Leichtigkeit
mit der du verteilst
deinen Atem
an alle

nicht verkürzest
den Anteil an Schatten

erkenne ich dich
Licht

Leben

Du ein Vogel
im Atemland
der unsern Atem singt

Dein Messer
kerbt
Linien
in unsere Hand

Du verwandelst uns
in dich

So ist es

Ein Schmerz
zieht einen anderen
nach sich

Eine Freude
verdoppelt die andere

Eine Liebe
umarmt das Wort
DU
erfindet das Wort
Liebe

Spiegelbild

Nimm
deinen Körper
zur Kenntnis

Du blickst
dich an
und fragst
wer bin ich

Du bist nicht
du wirst
älter
alt

Die Spur

Eine Spur suchen
im Wasser im Laub
in den Schlafschluchten

Als ich dich wahrnahm
verstört
ein Atem ohne Lippen
verschwieg ich dich
mir

Zeit hinter Zeit
hier Schnee dort Laub

Ich suche

Fast fand ich
eine Spur
im Traum

da rief mich
die Uhr

Die Stirne

Kreuzwege
Krümmungen

Auf unebenen Zeilen
die abgegriffenen
Buchstaben
das dunkle Aderwort

Unter dem Liniengespinst
kreist
der Kosmos

liegen die namenlosen
Namen

Dialoge

Das Schiff
im Dialog
mit dem Märchenerzähler Meer
schaukelt dich
über den Himmel hinweg

Du
im Dialog
mit der reisenden Zeit
Wie lang ist der Tag hier
der Himmel wie tief
fragst du

Ich weiß nicht
sagt die Zeit
bleib in der Arche
es regnet
im überfluteten Land
gehst du unter

Ich
deine Wiege dein Haus dein Hafen
reise mit dir
sagt die Zeit

Zurückgekommen

Heimatfremde
Tischleindeckdich
das zuckende Flämmchen
Lust

Dort
ist jetzt hier

Du bist
im Schneckenschritt
zurückgekommen
von dir zu dir

Luftländer

Luftländer
mit wunderbaren
Trapezen

Lichtwärts und schattenwärts
schwingen
Grenzen überschreiten

Über seinem eigenen Schatten
schweben

Bukowina III

Grüne Mutter
Bukowina
Schmetterlinge im Haar

Trink
sagt die Sonne
rote Melonenmilch
weiße Kukuruzmilch
ich machte sie süß

Violette Föhrenzapfen
Luftflügel Vögel und Laub

Der Karpatenrücken
väterlich
lädt dich ein
dich zu tragen

Vier Sprachen
Viersprachenlieder

Menschen
die sich verstehn

August in Baltschik

Die Sonne sticht
ihr Feuer ins Wasser
schleift
Klippen und Kies

Wir kamen her
um zu ruhn

Der rote Faden im Thermometer
schnürt uns den Atem zu
nicht Schlaf nur Traum
ist hier möglich

Aus Zigeunerzelten
Harmonikamelancholie
ein Gürtel von Hügeln und Hitze
umschnürt die Wanderer
in ihrer eigenen Heimat
verschollen

Unruhig
lauschen wir

Isole di Brissago

Ansporn und Spur

Aus dem Wasser gewachsen
Schilf Terrassen Lianen

Geduldig
im grünen Kristall
des Lago Maggiore
klirrende Kiesel
jeder in sein Schicksal geschoben

Palmen
Blätter groß wie der Wunsch
ewig zu sein

Insel
irdisch oder
Erbstück aus Eden?

Die Sonnenuhr
dreht den Schatten
von Zahl zu Zahl
verdächtig wer kürzt
unsere Stunden

Aix

Gelassen
atmet der Tag
sein Ritual

Häuser
zeitgelb verschwistert

Einsilbig sagen
Brunnenlippen
den Augenblick

Unsichtbar
im Hintergrund
cezanneblau
St. Victoire

Der schwebende Schritt
der Stadt
geht in dich ein

Nichts übrig

Vergib mir
Meer
ich kann nicht
schwimmen nicht tauchen
um deine rebellischen Märchen
zu finden

Es bleibt mir nichts übrig
als sie zu erfinden

Regenbogen I

Himmelweite
Begegnung
zwischen Wasser
und Sonne

Sieben Farben
zusammengespannt
damit der Bogen
nicht breche

Hebt das Siebengespann
die sieben Todsünden auf?

Jungfernjoch I

Diese Schöpfung
aus blauem Weiß

Berge Täler

Du stehst
vor dem Schöpfer

hörst
seinen weißen Atem

Du hältst
den Atem an

Bald II

Ich schlage die Zeit tot
mit dem Hammer
aus Worten

lasse sie wieder wachsen
mit Wurzelworten

Sie schenkt mir den Frühling
und nimmt ihn zurück

gibt mir den Winter
es schneit auf mein Haar

Bald
bin ich weiß wie Schnee

Staub und Wind

Wind und Staub
verbrüdert

fliegen
von Atem zu Atem

Auch an deinen Atem
klopfen sie an

Du öffnest ihn
atmest sie ein

Sterne II

Funken im Fenster
das Fenster ein Vogel
fliegt zum Horizont

Sterne meine Ahnen
ich leg ihnen meinen
Staub zu Füßen

Sturm I

Der Wolfswind heult
sein Atem verschlägt uns
den Atem

Lämmer-
wolken flüchten

Dumpf schlägt der Wind
seine Trommel
an unser Trommelfell

Sturm II

Sturm aus nördlicher Richtung
die Stadt erleidet seinen
unbarmherzigen Atem
seine drohenden Feuerzeichen
und Schüsse

Du verkriechst dich
in erträumte Musik
die Fenster sind Trommeln

Bald zieht das Gewitter
vorüber
Wo sind die erznen Instrumente

Wahrhaftig Zeit
zu erwachen
und wach zu bleiben

Tröstung I

Ich tröste mich
mit dem geträumten Meer
mit Drosselliedern
aus dem vergangenen Wald
mit guten Worten
verlorener Freunde

mit der Erinnerung
an die Zukunft
aus Liebe und Tod

Zuflucht

Ich nehme Zuflucht
zur Flucht

Immer ist sie mir
eine Atemspanne
voraus

Ich reise ihr nach
im Astralschiff

Zwischen zwei Fjorden
auf der Spitze des Wasserlichts
hält sie
einen Augenblick inne
und singt

Liebe III

Ich liebe
Berge Bäume Blumen
das Meer
manche Städte zum Beispiel Venedig

Licht und sternrundes Dunkel
die Augen des Menschen
das Wort
dem ich Treue geschworen
den Frieden

und die Luft
die mich atemlang liebt

Unsere Stunden

Das weiße Frachtschiff
Unter dem Regenbogen
segeln vorüber
die bizarren Lofoten
an unseren Stunden

Wir haben Zeit
das Gebirge hat Zeit
nur die Stunden
unsere
eilen

Kein Stein kein Baum

Du kein Stein
kennst seinen
feurigen Kern

Du kein Baum
mit seinen
verzweigten Stimmen
vertraut

Der Mensch
ist dem Menschen
ein Gott
sagte Spinoza

Bluten

Manchmal
wenn die Nacht
sich niederläßt
in meinem Fenster

besteig ich den Sternwagen
fahre
durch den schwarzen Raum
und schaue
auf die blutende Erde

Bluten
auch meine Augen

Hexensommer

Schimmellicht
über hilfloser Ebene

Schwalbenlos
umarmt der Sommer
die Hexe vom Knusperhaus

Paarweis
kommen die Kinder
knabbern an den
verwunschenen Steinen

Rot
lacht der Sommer
im Ofen

Getröstet

Der haltlose Apfel
fällt dir nicht
in den Schoß

Mit Schlangenlist
halte den Baum
am Apfel

Nach Hungerjahren
baut deine alte Jugend
Luftschlösser
sie fallen nicht ins Gewicht

Entwurzelter Mensch
vom alten Jungwort
getröstet

Alles was atmet

Die Luft sagt
ich bin Luft

Alles was atmet
atmet mich ein und aus
gehört mir

Ich gehöre
euch
eine Weile

Das Stäubchen

Auf doppeltem Boden
unten verwurzelt
oben frei

Deine Erde
das Ziegelzimmer
unerschöpfliche Jahreszeiten

Der sechste dein Eigen-Sinn
abertausendmal Sterne

Dies Stäubchen Hier
dein Wohnungsblitz
vor der Drohung
des Donners

Mutterlicht

Mai
mein Monat
da habe ich
meine Mutter geboren

Sie sang JA
zu mir

Maikäfer
tanzen noch immer
um ihr Licht

Bäume

Säulenheilige
Jahrhunderte angewurzelt
ans Denken der Erde

schöpfen Schatten
aus dem Sonnenquell

Jeder Baum erwählt
die Luft zu bereichern
mit seinem Atem

im eingewachsenen Gewicht
ruhend

Aber die Unruhe
der Laublippen
diese Sprachspiele
jenseits
der verhärteten Rinde

Das Netz

Ich möchte etwas sagen
ein Wort
das alles sagt

Nicht
ich bin ich
nicht gebet mir
Funkeldinge Länder Geld

Das Wort
fällt mir nicht ein
ich falle
mir selber ins Wort

falle in ein Netz
aus zeitgeknüpften
Silbenmaschen

Immer das Wort

Wenn ich Gold sage
mein ich das Wort

Wenn ich Worte sage
meine ich
Gold Weltanfang Mensch

dich und mich
im Gespräch

Im Flug

Im Flug
das Weite suchen

wo alle Wörter
verlorengehn

Worte finden
die dich lieben

Sag nicht I

Was Schreiben heißt
sag nicht
du weißt es

Das Wasser vielleicht
treibendes getriebenes
oder jagende Wolken

Ein Spiel mag sein
Zeitzipfel
aus Rosen Silben Schnee

Sonne II

Während ich schreibe
ist die Nacht
an mir vorübergegangen
nicht spurlos
ich spürte sie hämmern
in meinen Versen

Der Tag
schreibt andre Gedichte
sein schönstes
trägt er mir vor
Sonne

Ich kann nur
staunend zustimmen
nie
wird mir solches Lichtlied
gelingen

Sprachspiele

Mit Worten
seinen Besitz zählen

die Besitztümer
mit anderen Worten
vergleichen

Sprachspiele
wir erbten sie
von der Sprache

Unbeschriebenes Blatt I

Gefräßiges Tier
die glatte Haut
weiß
seine Poren
Magnete

Du fütterst
sein offenes Maul
schüttest dein Blut
in sein Ohr

Geduldig
frißt das stumme Tier
deine Lust
und Verzweiflung

Zu viel

Gott der Finger und Lippen
laß uns träg sein

Zu viel Wörter Kleider Mauern
viel zu viel umkleidet
ummauert

So viel Silbenlärm
ums Nichts

das nichts hält
was es verspricht

Wer bin ich

Wenn ich verzweifelt bin
schreib ich Gedichte

Bin ich fröhlich
schreiben sich Gedichte
in mich

Wer bin ich
wenn ich nicht
schreibe

Untergang

Unsere Schiffe torpediert
Gedichte
untergegangen

die jungen Gesichter
der Worte

Auf der Oberfläche
des Untergangs
schwimmen Sterne

Vogelwort

Ich fliege zu euch
mit einem Vogelwort

Manche
nehmen mich
gastfreundlich auf

Andere fragen
wie wagst du
bei uns zu fliegen

Ich antworte nicht
fliege
mit meinem Vogelwort

Schicksal

Viermal
klopft es an deine Tür
wie Beethovens Fünfte

bedroht deinen Atem
in jeder Jahreszeit

Form eine Rose
aus Worten
ihr kurzlebiges Schicksal

Fahr
einen Schlitten aus Schnee
in deine schicksalhafte Zukunft

Rück einen Schneemann
von Haus zu Haus

Er lacht
über das Schicksal
der unfaßbaren Welt

Schlaf mein Kind

Gute Nacht
Sterne erwachen
wenn du einschläfst

Glocken aus Regentropfen
im Schlafwind
segnen ein
deine Seele
unter
stürzenden Sternschnuppen

Mein Leibkind
in welchem erreichbaren
Reich wandert
dein Atem

Regensanft
wächst
dein Haar im
Schlaf
mein Kind

Passah II

Schließ auf das Ostertor
mit der Schlüsselblume

Jenseits
teilt sich das Meer
mit Schneehänden
pflücken wir Salz
ziehn in die Wüste
wo Sonne das Mannabrot bäckt

Uhr ohne Zeiger
der Kompaß hat keine Magnetnadel

Fünftausend Jahre
Goldsandgeraun

Wieder vom Keller
Rosinenwein holen
grüne und bittere Kräuter
auf dem Lichttisch

Öffne die Tür
Schoschannah
unsichtbar mit der Zukunftluft
kommt der Bote

Antwortlos

Vom Spiegel fordere ich
Aug um Aug
Zahn um Zahn

Ich stell ihm
eine Handvoll Fragen

Das Ebenbild
im Glas
gestikuliert

Haar Wange Mund
mein treues Doppeltier

antwortlos
blickt es mich an
und sieht mich nicht

Der Blinde

Mit weißem Stab
durch die Wüste
der Menschenmenge

Fliederduft
harte und sanfte Stimmen

Von oben tropft
kühl der Himmel
auf sein Haupt

dann wölbt sich
ein Regenbogen
über ihn
und verkündet die Verzeihung
des Herrn

Der Blinde weiß nicht
daß seine Blindheit
ihm verziehen wurde

Detail aus dem Totentanz
Für HAP Grieshaber

Karussell
im sausenden Kerker

Steig ein
Säugling
die Mutterbrust
schützt dich nicht

Anmutig lächelnd
hinter dir
neben dir
in dir
treu
der Tod
liebkost
deine mimischen Masken

Erschaffen

In alle Richtungen
fliegen

die Sonne
erschaffen

Sing meine Wiege
sagt sie
ich schaukle dir
meinen Schatten
zu Füßen

Kein Zeiger

Nacht an Tag an Nacht
kein Zeiger
unterbricht den Fluß

Aber wir
schneiden uns Stücke Zeit
Gewänder aus Wörtern
für den Geist der Dauer

wecken Worte
aus dem Atem
Tag an Nacht an Tag

Kein Zeiger
unterbricht
den Atemstrom

Ratschlag

Ein Engel
lud mich ein
in den Himmel

Mephisto bot mir
die Hölle an

Ein Mensch
riet mir
»Schreib
deinen dauernden Aufenthalt«

Ich will wohnen
im Menschenwort

Kein Trost

Ein Mensch
der nicht leben will

lebt jeden Tag
seinen intimen Tod

Kein Trost
schenkt ihm
eine passende Maske

Käfige

Mein Zimmer
voll leerer Käfige

Die Kanarienlieder
sind tot
Barbaren haben sie umgebracht

Sie wohnen im Herzen
gepanzerter Häuser

Wind öffnet mein Fenster
schaukelt
die Käfige

Fieber I

So stiegen Flut und Angst
es ging ja ums Leben
wir rangen mit Noah
aber er rang nicht mit
Gott
ließ uns fallen

Quecksilberlicht
Moses schlägt ans Glas
es färbt sich purpurrot

Dies ist Feindesland
jeder Atemzug bedroht
An der Grenze zwischen
Flut und Feuer
Wolken im Bart
steht der Prophet
MORGEN sagt er
Wer MORGEN hört
glaubt an Wunder

Sie kommen gestern – Schatten
ein Rabenschwarm
über dem Schnee
der heiße Laken webt

Fischzug

Unter gläserner Flut
das Netz
hohle Arme geweitet

Fischer aus Stein
mein fremdes Ich

Sonne
hält die Hand
an der Leine
eine Stundenfuge

Das Wasser knüpft
Maschen ins Netz
der Schwarm zieht ein

Mit euch
(wie löste es sich aus dem Stein?)
fällt mein Herz
in die Falle

Hieroglyphen

An die Windwand
geschrieben
mit Ätherfingern
Hieroglyphen

Die Wand wandert
von Land zu Land

Am Strand von Ascona
blaut
ein Hauch jener Sprache

Im Leuchtturm von Atlantis
flimmern noch
blendende Silben
um den versunkenen Sinn

Honigwabe

Einziehn
in die Bienenmusik

Im Wabenschloß
summen
die leuchtenden Kammern

Hörst du das Echo
des Honigmilchlieds

Salomo sang es
als du ein Traum warst
im Luftschoß

Trink
das verwandelte
Blumengeheimnis

Das Bleibende

Vergiß
daß du einmal
schön warst

Deine Schönheit
hat dich verlassen

Verlaß sie
komm zum Denken
das weiß
was schön
bleibt

Begleiter

An der Angstgrenze
Zigeuner Glück
Zigeunerin Trauer

Zelte aufschlagen
Zelte falten

Deine Füße kennen
die Unterschrittswelt
den Lehmweg

deine Augen
den Rosentrost

Begleiter zur Grenze
Dingwörter
Traumworte

Anklage

Tote Freunde
klagen dich an
du hast sie überlebt

Du weinst um sie
und lachst schon wieder
mit andern Freunden

Deine Blumen
auf ihren Gräbern
versöhnen sie nicht

Du trauerst um ihren Tod
und machst Gedichte
aufs Leben

Pegasus

Auf einem Blitz
ist mein Flügelpferd
über mich hinweggeritten

Ich bat Don Quichotte
es zu holen

Er wird es mir bringen
auf einem Blitz

Renoir

Nie versagt
die Sonne

Im Gras
rosajung
eine Frau

Kein Schatten trübt
die lichtblauen Kinderaugen

Der flammende Busch
verbrennt nicht

Immer-Ja

Von Renoir geliebt
alle Menschen alle Dinge
schön

Lichtkraft

Aus dem Himmel
eine Erde machen
aus der Erde
einen Himmel

wo jeder
aus seiner Lichtkraft
einen Stern ziehen kann

Baufälliges Haus

Hohl das Haus
auf dem Hügel
graues Gespenst
der Mund offen

Wind
zieht ein und aus
als atme der Mund

Unmerklich dreht sich der Hügel
auf unserem Stern
der dreht sich unmerklich

Keinem gehört
das Haus
mein Eigentum

Menschlich I

Im Fenster steht die Landschaft
sechs Häuser mit ihren
kleinen Gärten

Baumgespräche
die Pappeln grüßen
ohne sich zu verneigen

Man nahm sie ernst
und gab der Gasse
ihren Namen

Schnurgerade Wege wo
die Wasserbögen sich verschränken
ein Gitter aus flüssigem Kristall

Ein- und Ausatmen
der Zeit und Jahreszeiten

Wir sind menschlich
uns freut das Spiel

Hinter Jalousien

Von Augen verfolgt
deine Fremde

Mauern grau neben
vielfigürlichem Grün
und was dazwischen
sich kräuselt
Straßenwellen
hastende Körper
und plötzlich

das stille Gesicht
eines Menschen

Sätze

Kristalle
unregelmäßig
kompakt und durchsichtig
hinter ihnen die Dinge
erkennbar

Diese Sucht
nach bindenden Worten
Satz an Satz
weiterzugreifen
in die bekannte
unbegreifliche
Welt

Schach

Keine Schachspielreime
Kein Rösselsprungbrett

Die Türme
gefallen

Königin
König
auf der Flucht

Salzsäule

Aufrecht in mir
die Salzsäule

Ich bin's
die sich umwendet
wieder und wieder

Wahrheit
im Rosengomorrha
das Dornengedicht

Ich kenne die Stelle
verwundbares Wort
dem der Anblick
verwehrt ist

Kein Übertritt
Eurydike
hier treffen wir uns
am Scheideweg
der Schatten

Die Schnecke

Eine Schnecke
wandert mit ihrem Haus
durch die Welt

Du sagst zu mir
laß uns wandern
wir haben kein Haus

Die Schnecke meine Freundin
wird uns aufnehmen
in ihrem Haus
antworte ich

Wir wandern
zur Schnecke

Losungswort

Das Losungswort
kennt dich nicht

Wenn du
es nicht kennst

verlierst du
was du suchst

Kreislauf I

Immer offen
der Kreis

du weißt
du kreist ja
drinnen

träger
tanzender
Staub

Mein Schatten II

Ich habe einmal
an meinen Schatten geglaubt

Oft ging er mir voran
flog manchmal
dem Himmel zu
ich brauchte ihm nur zu folgen
um erlöst zu sein
schien es

Jetzt ermüdet er mich
und ich nehm es ihm übel
daß er mir nachsteigt
wenn mich die Sonne begleitet

Gute alte Zeit

Fotos
aus der »guten alten Zeit«

Dein Blick fliegt zurück

Wieder siehst du
die Windungen deiner Anfanggasse
das Wohnhaus in dem du
die ersten Silben lalltest

Du hörst Fiakerräder
Rufe aus Fenstern

Im Garten
singt morgens die Nachtigall

Bizarre Kräuter sprießen
auf Winterscheiben

Deine ersten Verse

Die gute alte Zeit
strömt wieder an dir vorüber

mündet in den Krieg

Verschwommen

Hinter erblindetem Fenster
was sich abspielt im Zimmer
sieht kein Nachbar

Fadenscheinige Spiralen
im Teppich führen
zu sich selbst zurück
zeitentgrünt

Verschwommen
lächelt das Rokokomädchen
aus Porzellan

In der Holztruhe
Gespenster
mit Tuch bedeckt

Nein wir nagen nicht
am Hungertuch
das Land ist fett
die Herzwand
dünn

Alt und neu

Mit alten und neuen
Landschaften
neuen und alten Worten
verlorenen und wiedergefundenen
Freunden
leben

Blicke deuten

Vor dem Abgrund
die Augen nicht schließen

Sich mit Altem zufriedengeben
protestieren

Endlos
von neuem anfangen

Mündung

Ein Unglück
aus zersplittertem Glück
verflossenen Worten

Tropfen
die unterirdisch münden
in deinen Durst

Wind I

Ätherhände
bauen Orgeln
aus Wind

Der weiße Wal
spielt mit dem Hirn
des Kapitäns
im stürmischen Wind

Die Wüste weint
gelben Wind
um die Oase

Dem Wanderwind
fiedelt der Zigeuner
sein Feuer
ins Ohr

Herzog August
in seinem Schloßpark
singen südliche Windvögel

Aus Gad der Hirt
flötet des Volks
windweite Schalmei

Wind
wandernde Landschaft

Verstohlen

Rosen aufgeblüht
verwelkt
die Vase strengt sich nicht an
sie kommen sie gehen

Sonnenstrahlen
und ein vermeerblauer Schatten
verwandeln den Tisch
ein paar Minuten
in ein Stilleben

Aber verstohlen
geht die Zeit
wasistdas
weiter
welkt nicht blüht nicht

Vorabend

Schattenblau
bis an den
honigfarbnen Horizont

Hermaphroditen
steigen
auf bewegliche Terrassen

während
das Sonnenknäuel
abspult

Weiß nicht warum

Ich freue mich
weiß nicht warum

Sandbrei Mohntee
die Uhr ein Hammer
gegen mein Hirn
Räder überfahren meine Gedanken

Im Fenstergrau zucken
erblindete Blätter
es donnert
ich schließe die Ohren

schließe mich
öffne mich
weiß nicht
warum ich mich
freue

Am Abend

Am Abend
wird alles anders

Farben
entfärben sich

Menschen tragen
zuckende Masken

Lautlos sucht
ein Atem den andern

Die Sterne
blinzeln vertraulich

Nacht VI

Sekunden tropfen
ins nächtliche Nichts

Schlaflos träumst du
die Legende von
Mond und Sternen

Die Zeit
rinnt durch dein Gedanke:
wo sind sie
die nicht mehr sind

Wo bin ich
fragst du den schwarzen Spiegel
er sieht dich nicht

Du siehst seine Nacht
hörst nur
deinen ängstlichen Atem

Jede Minute

Kostbar der Herzschlag
jeder Minute
sie schenkt dir den Atem
erlaubt dir anzufangen
aufs neue

In deinem Augenstern
kreist die verwirrende Welt
ruht das Himmelsherz
jede Minute

Sich ausleben

Die Tage
zählen dich
zu ihren Bewohnern

Sie räumen dir
Stunden ein

In ihnen
lebt deine Zeit
sich aus

Die Zeit I

Wird kommen die Zeit
ist da
vergeht und bleibt

spielt mit dir Blindekuh
versteckt sich nachts
ein Silbervogel
in deinem Traum

Sterne fallen
der Mond
kommt und geht
mit der Zeit
die vergeht und
bleibt

Zigeunerin

Zigeunerin
Zeit
im Dreifaltgewand

die wandert
von Zelt zu Zelt

jede Sekunde
deutend

Wer schlägt

Atemspiel
in deinem Leib

Uhren schlagen
tot
deine Stunden

Wer schlägt
an dein Gewissen

Abelfurcht

Wer schlägt dir
diese Angst
aus dem Kopf

Federn

Sichtbar im Fenster
die Zeit
ein Vogel dessen Federn
aufleuchten
sich spreizen und
von dunklen Fingern
gerupft werden

Der Vogel hat keinen Körper
nur Federn
die wachsen dir
unter die Haut

Biographische Notiz

Ich rede
von der brennenden Nacht
die gelöscht hat
der Pruth

von Trauerweiden
Blutbuchen
verstummtem Nachtigallsang

vom gelben Stern
auf dem wir
stündlich starben
in der Galgenzeit

nicht über Rosen
red ich

Fliegend
auf einer Luftschaukel
Europa Amerika Europa

ich wohne nicht
ich lebe

Schreiben I

Du schreibst und schreibst
du wirst dich nie
zu Ende schreiben

Deine Jenseitssilben
wirst du
dem Gras diktieren

Sie träumt

Mit Siebenmeilenwünschen
um den Nabel der Erde

Sie baut Berge
im Tal
spricht Wasserfälle
schweigt Fischgedanken

Schlaf
hat kein Bett
in ihrem Haus

Sie träumt
sie träumt dich
wach

Wichtelworte

Wichtelworte
dienen dir
verfolgen dich
graben aus deine Toten
deinen Himmel

Du bist ihnen preisgegeben
sie werfen dich
aus dem Fenster
ins Brennesselfeuer

Manchmal
verwöhnen sie dich
ihre Buchstaben spielen mit dir

Zauberkünstler
aus bodenlosem Hut
ziehn sie
deinen Zorn
deine leisesten Atemzüge

Verherrlichen

Das Leben
verherrlichen
das sich verliert
und wiederfindet
in dir

Mit Versen
trösten
die um die Toten
trauern

Verlust I

Meinen Namen verloren
im Dunkel

Der Tag
ist tot
Ich sammle
die Tränen der Ahnen
schreibe sie
auf die Klagemauer

Den Namen such ich
der mir nicht gehört
dem ich gehöre

Ich suche
den auferstandenen Tag
den verlornen Tempel

Vielleicht I

Ich bin
ein Schatten
zur verbotenen Grenze gegangen

Sie ist in mich eingegangen
verschließt mir
das Land

Eingesargt lieg ich
zwischen Schienen
Bahnen überfahren mich
ich darf nicht einsteigen
Schritte gehn über mich hinweg
ins verbotene Land

Vielleicht
ist es ein großes Zimmer
auf das ich kein Anrecht habe

oder
ein Buch
das ich nicht lesen kann
nicht schreiben darf

Von A bis Z

Nimm
keinen Schritt zurück
aus dem gerollten Band

Laß es laufen
auf der Erinnerungswalze
von A bis her

Als Fremder
hör
dein abgelaufenes Leben

Von hier bis Z
sind deine Tage
und Träume
gespannt

Vorübergehend

Kommt nicht wieder
die Zeit
ist da
sorglos
im Schutz des Todes
enormes Nichts
in dem sich alle
vorübergehend
erkennen
Bild an Bild
in den
Augapfel geschnitten

Raum II

Noch ist Raum
für ein Gedicht

Noch ist das Gedicht
ein Raum

wo man atmen kann

Teilen

Ich schüttle
einen Apfel
vom Traum

Komm
laß uns teilen
die Frucht

den Wurm
in der Frucht

den Traum
laß uns
teilen

Godot

An Feiertagen
besuchen mich tote Freunde

erzählen mir
bekannte Geschichten
die ich vergessen hatte

Wer bei uns wohnt
weiß alles
schwören sie

Ich will nicht
alles wissen
ich warte auf Godot
sage ich

Er ist im Himmel
drohen sie

Ich wachse
vielleicht erreiche ich
einmal den Himmel

Nachwort

1976 veröffentlichte Rose Ausländer einen Prosatext, der für Leben und Werk dieser großen deutschsprachigen Lyrikerin aus Czernowitz gleichermaßen aufschlußreich ist. In Erinnerungsskizzen über ihr »Doppelleben« in der Kindheit erzählt Rose Ausländer, wie sie nachts – träumend oder im Halbschlaf halluzinierend – sich in andere Menschen, in Tiere oder in Dinge verwandelte und dies »Anderssein« erlebte. So empfand sie als Marienkäfer den Rausch der Freiheit und der Leichtigkeit des Flugs, als Milch in einer Holzschüssel die tödliche Angst, getrunken zu werden, als Steinskulptur den Schrecken der Erstarrung, schaute sie mit den vielen Doldenaugen eines Fliederbaums auf das Treiben der Menschen oder setzte sie als »herrisch-herrliche« Piquedame den in einen Herzkönig verwandelten Vater neben sich auf den Spielkartenthron.

All diese Dinge und Wesen hatten Staunen, Bewunderung oder Zuneigung in ihr geweckt. In das Marientierchen hatte sie sich tags zuvor »verliebt«. Den Fliederbusch vor ihrem Fenster liebte sie »fast so innig wie meine Eltern«.

Die Eigenart dieses frühen »Doppellebens« ist sicherlich *eine* Erklärung für die Intensität und Originalität, die klassische Mittel der Dichtung wie Metapher und Vergleich bei Rose Ausländer gewinnen.

> Funken im Fenster
> das Fenster ein Vogel
> fliegt zum Horizont

heißt es in dem Gedicht *Sterne* und in *Untergang*:

> Unsere Schiffe torpediert
> Gedichte
> untergegangen

Die metaphorischen Umwandlungen führen in die Ferne oder Nähe einer unbekannten oder bloß vermeintlich bekannten Welt, in die sichtbare, äußere (»Mein Flügelbett / fliegt mit mir / nach Alaska«) oder in die unbewußte, innere (»Hinter deinen Lidern / schlummern Zinnsoldaten / singt der Friedensvogel«).

Die im vorliegenden Band versammelten Gedichte – allesamt freirhythmisch und reimlos – betreffen gänzlich verschiedene Themenbereiche: es sind Stilleben (»Still / leben Früchte / im Teller«), Reflexionen über Raum und Zeit (»Kommt nicht wieder / die Zeit / ist da / sorglos / im Schutz des Todes«), über Dichten und Sprache (»Ich will wohnen / im Menschenwort«), poetische Porträts von Malern und Dichtern, mit wenigen Strichen hingetuschte Ortsbeschreibungen – allemal atmosphärisch dichte Momentaufnahmen. Und immer wieder umkreisen sie bedrängende Erinnerungen – Erinnerungen an die in den Nordostkarpaten gelegene Bukowina der Kindheit mit ihren Wäldern, Flüssen und Hügeln, mit ihren vielfältigen Kulturen und Zivilisationen, jene Gegend, »in der Menschen und Bücher lebten«, wie Paul Celan einmal sagte, in der »viersprachig verbrüderte Lieder« gesungen wurden *(Bukowina II);* Erinnerungen im gleichen Atemzug an die Zeit der massenhaften Entrechtung und Vernichtung von Menschen, Erinnerungen an die Toten, die Rose Ausländer in ihren Versen unvergessen zu machen sucht.

Biographische Notiz heißt ein Gedicht, in dem die Dichterin in sparsamen Bildern zerstörte Heimat, zerstörtes Leben heraufbeschwört:

> Ich rede
> von der brennenden Nacht
> die gelöscht hat
> der Pruth
>
> von Trauerweiden
> Blutbuchen
> verstummtem Nachtigallsang

vom gelben Stern
auf dem wir
stündlich starben
in der Galgenzeit

nicht über Rosen
red ich

Fliegend
auf einer Luftschaukel
Europa Amerika Europa

ich wohne nicht
ich lebe

Die schönen uralten Worte der Poesie, zu denen die
Nacht, der Stern und die Rose gehören, kommen in Rose
Ausländers Dichtungen häufig vor – auffallend häufig für
eine moderne Dichterin. In den frühen Gedichten strahlen
sie ungefährdeten Glanz aus, in den späteren aber haben
sie nichts Bergendes mehr.
Für alle Zeit ist die Metapher des Sterns für die, die ver-
folgt und ausgerottet wurden, verbunden mit dem gelben
Stern, mit dem die Nationalsozialisten die Juden brand-
markten; für immer verdichten sich die eisigen Winter der
Jahre 1941 bis 1944 zur brennenden Nacht. Die schönen
Namen der Trauerweiden und Blutbuchen werden zu
sachlichen Benennungen der Untaten, deren Zeugen sie
wurden oder in die sie hineingezogen wurden. Nur der
Pruth, jener in über 2000 Meter Höhe in den Karpaten ent-
springende Fluß, der als breiter Strom die Bukowina
durchfließt, war hilfreich beim Löschen des von Menschen
entzündeten Brandes. Nur die noch nicht unterworfene,
gleichgültige Natur war wenigstens nicht-feindlich.
»Nicht über Rosen / red ich« – das klingt streng, gibt aber
mit einem sprachlichen Minimum das, was als Symbol des
Gartens, des behüteten und friedlichen Lebens unsinnig

und lächerlich, ein Hohn geworden zu sein scheint, eben doch nicht preis, verhärtet sich nicht dagegen. Ebenso karg und unverhärtet ist der Schluß. Leben, ohne zu wohnen – bedeutet da, daß Leben weniger ist als Wohnen, oder ist es mehr oder beides? Es wird nicht verherrlicht, aber wird auch nicht als ein bloßes Überleben hingestellt.

Es ist ein Leben, um zu sprechen – von den Namenlosen, den Toten, der Vernichtung und Stillstellung allen Lebens:

Transnistrien 1941

Eislaken auf Transnistriens Feldern
wo der weiße Mäher
Menschen mähte

Kein Rauch kein Hauch
atmete
kein Feuer
wärmte die Leichen

Im Schneefeld schlief das Getreide
schlief die Zeit
auf Schläfen

Die Zunge der Himmelswaage
ein funkelnder Eiszapfen
bei 30 Grad Celsius unter Null

Marschall Jon Antonescu, der den rumänischen König Carols II. zur Abdankung gezwungen hatte und selber Staatsführer geworden war, hatte sich im September 1940 mit den faschistischen Achsenmächten verbündet. Im Sommer 1941 zogen sich die russischen Truppen aus Czernowitz zurück. Rumänische Truppen marschierten ein, einen Tag später folgte die deutsche SS, und sogleich begann die Verfolgung und Ermordung der Juden. Das alte Judenviertel von Czernowitz wurde zum Getto erklärt. Zehntausende von Menschen wurden dort zusammengepfercht – unter ihnen Rose Ausländer mit ihrer Mutter und ihrem Bruder und dessen Familie. Die meisten von ihnen wurden in die Vernichtungslager von Transnistrien deportiert, jenem Teil der Ukraine, der damals unter rumänischer Verwaltung stand. Von den etwa 60000 Czernowitzer Juden kamen etwa 55000 auf qualvolle Weise in den Lagern ums Leben.

Kann man, darf man das Grauen jener Zeit in Kunst verwandeln? Wird damit nicht eher der Bereich des ästhetisch Erfahrbaren und damit letztlich des Schönen erweitert als die Kategorie des Schönen eingeschränkt zugunsten der unversöhnlich dargestellten Wahrheit? Sind nicht Pablo Picassos Gemälde *Guernica*, Arnold Schönbergs Melodram *Ein Überlebender von Warschau*, Paul Celans Gedicht *Todesfuge* ästhetische Bewältigungen des Schreckens, die deswegen auf teilweise erstaunlich breite Akzeptanz stießen? Aber diese Fragestellung, so erhellend sie hinsichtlich der Aufnahme der Kunstwerke ist, reicht nicht aus. Aus der Sicht derer, die diese Kunstwerke herstellten, stellt sie sich anders. Picasso, der republikanische Spanier, die Juden Schönberg und Celan waren Betroffene, Opfer, bzw. potentielle Opfer. Für sie stellt sich die Frage in erster Linie so: Wie weit ist der Entstellung, Verdüsterung, Enteignung des Schönen, Tröstenden, Wünschenswerten im Kunstwerk Raum zu geben? Die Gefahr ist nicht nur: das Erschreckende zu sehr abzumildern, die Gefahr ist auch: sich ihm auszuliefern, erstarrend ihm gleich zu werden.

Rose Ausländers Weg war: die Düsterkeit und Verdüsterung des Schönen und des Lebens in einer schrecklichen Zeit sprachlich spürbar zu machen. Die bedrängenden Alliterationen (»Mäher Menschen mähte«), die intensivierenden Binnenreime (»kein Rauch, kein Hauch«), die verstärkenden Wiederholungen (»schlief das Getreide / schlief die Zeit«), die Metaphorik ungewöhnlicher Wortzusammensetzungen (»Eislaken«), die Gliederungstechnik der Strophen, deren dreizeilige Grundstruktur einzig durch das Wort »atmete« gesprengt wird, das für Leben steht – all diese rhetorischen Figuren führen dazu, so eindringlich wie möglich das Grauen jener Zeit wiederzugeben und zugleich von dem Leben und den einst Lebenden zu zeugen, für die es das Grauen war.

Einzig die Sprache blieb ein Rest Heimat für die Nomaden des totalitären Zeitalters. Es war die Sprache, die Rose Ausländer am Leben erhielt: die Muttersprache, die zur Sprache der Mörder gefror und die sie dichtend zur Muttersprache wiederzubeleben suchte:

Königlich arm

Königlich arm
den Wortschatz
im blutenden Mund

Die Gefallenen
heben wir auf
bedecken sie
mit dem Tränentuch

rebellieren
gegen die Schützen im Feld
im Allüberall

Heimathungrig

Unsern täglichen Tod
begraben wir im Wort
Auferstehung

Renate Wiggershaus

Editorische Notiz

1975 lernte ich Rose Ausländer kennen. Damals war sie 74 Jahre alt und trotz der sechs Bücher, die sie bis dahin veröffentlicht hatte, nur wenigen Lyriklesern bekannt. Wir beschlossen, alle Bücher, die bereits veröffentlicht waren, kombiniert mit noch unveröffentlichten Texten als *Gesammelte Gedichte* im Literarischen Verlag Braun zu publizieren. Mit der Herausgabe dieses Bandes begann der Erfolg der Lyrikerin Rose Ausländer.

Hugo Ernst Käufer und Berndt Mosblech stellten die Sammlung der noch unveröffentlichten Gedichte unter dem Titel *Es bleibt noch viel zu sagen* zusammen.

Im Rahmen der *Gesammelten Gedichte* erreichten diese Texte drei Auflagen und wurden 1984 in die Ausgabe des Gesamtwerkes von Rose Ausländer im S. Fischer Verlag übernommen. Eine eigenständige Einzelpublikation dieser Gedichte hat es bis jetzt nicht gegeben. Sie werden deshalb mit diesem Band erstmalig in einer preiswerten Publikation zugänglich.

Zur selben Zeit, als der Band *Gesammelte Gedichte* erschien, gab Berndt Mosblech im Gilles & Francke Verlag in Duisburg den Band *Noch ist Raum* heraus.

Diese Gedichte Rose Ausländers entstanden in derselben Arbeitsperiode wie die Gedichte der Sammlung *Es bleibt noch viel zu sagen*. Sie bilden den Abschluß jener Schaffensperiode Rose Ausländers, die mit der Umstellung ihres Arbeitsstils 1957 vom gereimten Gedicht in gebundenen Formen zu freien Rhythmen begonnen hat. Texte, die zum Zeitpunkt der Veröffentlichung oftmals schon etliche Jahre alt waren, wurden von Rose Ausländer vor der Publikation überarbeitet und in ihre endgültige, veröffentlichte Form gebracht.

Obwohl viele Gedichte aus *Noch ist Raum* sehr bekannt wurden – so *Raum II*; *Wort an Wort*; *Vertrag*; *Biographische Notiz*; *Teilen II*; *Die Zeit*; *Passah II*; *Wer bin ich* –, blieb das

Buch als Ganzes jedoch unbeachtet. Noch nicht einmal tausend Abnehmer fanden sich dafür. Nach der Publikation im Gesamtwerk Rose Ausländers bei S. Fischer und in dieser Taschenbuchausgabe werden sich auch diese Gedichte nun eine breite Leserschaft erschließen.

Helmut Braun
Königswinter, Januar 1991

Zeittafel

1901	Rosalie Beatrice »Ruth« Scherzer, wird am 11. Mai in Czernowitz/Bukowina (Österreich) geboren.
1907–1919	Schulbesuch Volksschule, Lyzeum Czernowitz und Wien.
1916–1918	Kriegsbedingter Aufenthalt in Wien.
1919	Matura in Czernowitz Seit 1919 intensive Beschäftigung mit der Philosophie (Platon, Spinoza, Constantin Brunner). Mitglied im Ethischen Seminar in Czernowitz.
1919/1920	Studium der Literatur und der Philosophie an der Universität Czernowitz.
1920	Der Vater stirbt.
1921	Im April Auswanderung in die USA zusammen mit Ignaz Ausländer.
1921/1922	Aufenthalt in Minneapolis/St. Paul und Winona. Hilfsredakteurin bei der Zeitschrift *Westlicher Herold* und Redakteurin der Kalenderanthologie *America Herold* (bis 1927). Hier publiziert sie ihre ersten Gedichte.
1922	Ende des Jahres Übersiedlung nach New York.
1923	Bankangestellte.
1923	Am 19. Oktober Heirat mit Ignaz Ausländer.
1926	Erhalt der Staatsbürgerschaft der USA. Gründungsmitglied des Constantin-Brunner-Kreises in New York.
Ende 1926	Trennung von Ignaz Ausländer.
1927	Einmonatiger Besuch bei Constantin Brunner in Berlin.

Acht Monate in Czernowitz zur Pflege der erkrankten Mutter. Danach Rückreise nach New York.

1930 Am 8. Mai Scheidung von Ignaz Ausländer.

1931 Anfang des Jahres Rückkehr nach Czernowitz (Rumänien) zusammen mit dem Graphologen Helios Hecht, mit dem sie in den Folgejahren zusammenlebt.

1931–1936 Gedichtpublikationen in Zeitungen, Zeitschriften, Anthologien, journalistische Tätigkeit, Übersetzungen, gibt Englisch-Unterricht.

1934 Aberkennung der amerikanischen Staatsbürgerschaft wegen dreijähriger Abwesenheit aus den USA.

1936 Trennung von Helios Hecht.
In den Folgejahren überwiegender Aufenthalt in Bukarest. Arbeitet in einer chemischen Fabrik.

1939 Reisen nach Paris und New York.
Der Regenbogen, Rose Ausländers erste Buchpublikation, erscheint in Czernowitz.

1941–1944 SS-Truppen besetzen Cernowitz. Rose Ausländer wird im Getto der Stadt gefangengesetzt und darf nach Auflösung des Gettos die Stadt nicht verlassen. Zwangsarbeit, Todesnot, Kellerversteck. Sie lernt Paul Celan (Paul Antschel) kennen.

Frühjahr 1944 Im Frühjahr besetzten russische Truppen die Bukowina. Die jüdische Bevölkerung wird befreit. Rose Ausländer arbeitet in der Stadtbibliothek von Czernowitz.

1945 Im Dezember Ausreiseantrag nach Rumänien.

1946	Im August Ankunft in Bukarest. Im September über Marseille Ausreise nach New York.
1947	Die Mutter stirbt in Satu Mare, Rumänien.
bis 1961	Arbeit als Fremdsprachenkorrespondentin bei der Spedition Freedman & Slater, New York.
1949–1956	Rose Ausländer schreibt ihre Gedichte ausschließlich in englischer Sprache.
1957	Von Mai bis November Europareise, zeitweise mit Miriam Grossberg. Drei Treffen mit Paul Celan. Reisestationen: Rotterdam, Paris (und Frankreich), Italien, Griechenland, Spanien, Norwegen, Wien (und Österreich), Schweiz, Paris, Amsterdam.
1961	Am 8. Dezember endet krankheitsbedingt die Tätigkeit bei Freedman & Slater.
1963	Im Mai Reise nach Wien, wo der Bruder und dessen Familie aus Rumänien kommend im Flüchtlingslager eingetroffen sind. Vierwöchiger Aufenthalt in Israel.
1964	Kurze Rückkehr nach New York zur Vorbereitung der endgültigen Übersiedlung nach Wien.
1965	Übersiedlung in die BRD, nach Düsseldorf. *Blinder Sommer*, Rose Ausländers erste Buchpublikation seit 1939, erscheint in Wien.
1966	Rente und Entschädigung als Verfolgte des Naziregimes.
bis 1971	Zeit des Reisens in Europa. 1968 letztmalig für sechs Monate in den USA.

1966	Silberner Heine-Taler des Verlages Hoffmann und Campe, Hamburg.
1967	Droste-Preis der Stadt Meersburg.
	36 Gerechte
1972	Endgültiger Einzug ins Nelly-Sachs-Haus, das Elternhaus der jüdischen Gemeinde in Düsseldorf.
	Inventar
1974	*Ohne Visum*
1975	*Andere Zeichen*
1976	*Gesammelte Gedichte*
	Mit diesem Band beginnt die Zusammenarbeit mit dem Literarischen Verlag Braun, Köln.
	Noch ist Raum
1977	Ida-Dehmel-Preis der GEDOK
	Gryphius-Preis
	Letzte öffentliche Lesung anläßlich der Preisverleihung.
	Zur Eröffnung der Ausstellung »Rose Ausländer« im Heinrich-Heine-Institut, Düsseldorf verläßt die Autorin letztmalig das Nelly-Sachs-Haus.
	Doppelspiel
	Aschensommer (erstes Taschenbuch)
	Selected Poems (London, erste Auslandsausgabe)
1978–1988	Bettlägerig.
1978	Ehrengabe des BDI.
	Mutterland
	Es bleibt noch viel zu sagen
1979	*Ein Stück weiter*
1980	Roswitha-Medaille der Stadt Bad Gandersheim.
	Die Zusammenarbeit mit dem S. Fischer Verlag, Frankfurt, beginnt.
	Einverständnis

1981   *Mein Atem heißt jetzt*
       Im Atemhaus wohnen
       Einen Drachen reiten
1982   *Mein Venedig versinkt nicht*
       Südlich wartet ein wärmeres Land
1983   *So sicher atmet nur Tod*
1984   Literaturpreis der Bayerischen Akademie
       der schönen Künste.
       Die Herausgabe der *Gesammelten Werke*
       (GW) im S. Fischer Verlag beginnt.
       Hügel / aus Äther / unwiderruflich (GW
       Band 3)
       Im Aschenregen / die Spur deines Namens (GW
       Band 4)
       Ich höre das Herz / des Oleanders (GW Band 5)
1985   *Die Sichel mäht die / Zeit zu Heu* (GW Band 2)
       Die Erde war ein atlasweißes Feld (GW
       Band 1)
       Ich zähl / die Sterne meiner Worte
1986   Literaturpreis des Verbandes der Evan-
       gelischen Büchereien für *Mein Atem heißt
       jetzt.*
       Wieder ein Tag / aus Glut und Wind (GW
       Band 6)
1987   *Ich spiele noch*
       Der Traum / hat offene Augen
1988   Am 3. Januar stirbt Rose Ausländer in
       Düsseldorf im Nelly-Sachs-Haus. Sie
       wird auf dem jüdischen Friedhof im
       Nordfriedhof in Düsseldorf beerdigt.
       Und preise die kühlende / Liebe der Luft (GW
       Band 7)
1990   *Jeder Tropfen / ein Tag* (GW Band 8)
       Mit diesem Band liegt das Gesamtwerk
       Rose Ausländers vollständig vor.

Alphabetisches Verzeichnis nach Titeln

Alphabetisches Verzeichnis nach Textanfängen

Quellenverzeichnis

Es bleibt noch viel zu sagen
aus: *Gesammelte Gedichte*, Literarischer Verlag H. Braun,
Leverkusen 1976

Noch ist Raum, Gedichte
Gilles & Francke Verlag, Duisburg 1976

Die Gedichte wurden nach einem von der Autorin korrigierten
Exemplar des Bandes *Gesammelte Gedichte*, Literarischer Verlag
Braun, Köln, 2. Auflage 1977, gedruckt.

Inhalt

Rose Ausländer

Gesamtwerk in Einzelbänden

Herausgegeben von Helmut Braun

Fischer Taschenbuch Verlag

fi 167 / 21 a

Rose Ausländer

Gesamtwerk in Einzelbänden

Herausgegeben von Helmut Braun

Treffpunkt der Winde
Gedichte 1979. Band 11159

Hinter allen Worten
Gedichte 1980-1981. Band 11160

Die Sonne fällt
Gedichte 1981-1982. Band 11161

Und nenne dich Glück
Gedichte 1982-1985. Band 11162

Brief aus Rosen
Gedichte 1987. Band 11163

Schweigen auf deine Lippen
Späte Gedichte aus dem Nachlaß
Band 11164

Die Nacht hat zahllose Augen
Prosa. Band 11165

Schattenwald
Nachträge. Gesamtregister
Band 11166

Fischer Taschenbuch Verlag

fi 167 / 4 b